Wesen und Aufgabe
der
Sociologie.

Eine Kritik der organischen Methode in der Sociologie

von

Ludwig Stein,
Professor der Philosophie an der Universität Bern.

Abdruck a. d. Archiv f. system. Philosophie Bd. IV.

Berlin.
Verlag von Georg Reimer.
1898.

In allen Schichtungen des socialen Geschehens geht die Wirklichkeit, die Praxis des Lebens der Theorie des Handelns zeitlich voran. Der Stoff ist hier — im Gegensatz zu dem bekannten aristotelischen Paradoxon — früher als die Form, die Übung früher als die Regel. Wie die Sprachen älter sind als ihre Grammatiken, die Religionen älter als ihr Priester-Codex, die Erziehung älter als die Pädagogik, so sind Künste und Wissenschaften älter als ihre Theoretiker und Methodologen [2]). Und so hat sich denn auch die Sociologie als W i s s e n s c h a f t aufgethan, lange bevor die Reflexion sich der Prüfung sociologischer M e t h o d e n zugewendet hat. Comte und Spencer s c h a f f e n eine Sociologie, und hinterher stellen sich die Kritiker G u y a u, d e G r e e f, T a r d e, D u r k h e i m ein, um ihre kritische Sonde in die Tiefen dieser jungen Wissenschaft zu versenken und deren logische Structur zu prüfen. Der im Augenblick mächtig wogende Kampf um die Methoden der Sociologie ist im Übrigen nur ein Zeichen blühenden Lebens und erstarkender wissenschaftlicher Gesundheit. Um Mumien kämpft man nicht. Erstarrte und eingesargte Wissenschaften, wie die Rhetorik z. B., die einst an der Spitze der gelehrten Bildung einherstolzierte, werden durch keinen Kampf um ihre Methoden mehr aus ihrer Grabesruhe auf-

1) Nach einem, auf dem dritten Sociologen-Congress zu Paris (21. Juli 1897) gehaltenen Vortrag.

2) Vgl. Sigwart, Logik I, 26; H. Rickert, Die Grenzen der naturwissenschaftlichen Begriffsbildung, 1896. S. 264.

gescheucht. Heisst Leben Kämpfen, so deutet dafür aller Kampf auf ein Leben. Und da der Kampf um die Methode heute in der Sociologie in aller Heftigkeit entbrannt ist [1], so sehen wir gerade in der Lebhaftigkeit dieses wissenschaftlichen Gefechtes die erfreulichen Anzeichen aufsteigenden Lebens.

Dass die Sociologie in der Hierarchie der Wissenschaften heute noch keinen festen Rang einnimmt, ja dass sie sich nicht einmal über die Grundfrage zur Klarheit durchgerungen hat, ob sie ihren Platz im Unterhause der Naturwissenschaften oder im Oberhause der Geisteswissenschaften („Gesetzeswissenschaft und Ereigniswissenschaft“ lautet die von Windelband und Rickert an deren Stelle befürwortete Einteilung) einnehmen solle, darf uns nicht sonderlich wundern. Muss sich doch sogar eine der ältesten, bestaccreditierten Wissenschaften, die ehrwürdige Historie, gefallen lassen, dass einzelne Heisssporne unter ihren jüngeren Adepten ihr den Rang einer Wissenschaft streitig machen [2], um sie in die heiterere Region der Kunst zu versetzen! Es ist daher nicht abzusehen, warum die jüngste der Wissenschaften hierin einen Vorsprung vor einer der ältesten haben soll, warum in der Geschichte Rangstreitigkeiten platzgreifen dürfen, ohne deren Ansehen zu gefährden, während von der Sociologie jetzt schon dogmatische Strenge in der Visierung ihres wissenschaftlichen Passes gefordert werden soll. Die freie Republik der Wissenschaften ist über die Pedanterie jener abso-

1) Im Vordergrund des sociologischen Interesses stehen heute die Vertreter der „organischen“ Methode: Spencer, Schäffle, Worms, Lilienfeld, Fouillée und, mit einiger Einschränkung, Paul Barth; vgl. dessen Philosophie der Geschichte als Sociologie, 1897, S. 99, 165.

Weitere sociologische Methoden vertreten: John St. Mill vier (chemische, geometrische, physikalische, historische), Bouglé ebenfalls vier (speculative, physikalisch-chemische, organische, psychologische), Tarde gleichfalls vier (ideologische, physikalische, biologische, psychologische). Stammler führt die erkenntnistheoretische Untersuchung in die Socialphilosophie ein, Simmel neben dieser noch die psychologisch-historische Methode. Die naturwissenschaftliche Methode möchte auch Rickert a. a. O. S. 288, 299 ff. nicht aus der Sociologie verbannt wissen. Über die historische Methode in der Sociologie vgl. Bernheim, Lehrbuch der historischen Methode, 2. Aufl. 1894, S. 545 ff., de Greef, Les lois sociologiques, 1893, S. 66 ff.; Durkheim, Les règles de la Méthode sociologique. Nur gestreift ist die Frage bei G. Ratzenhofer, Die sociologische Erkenntnis, 1898, S. 7 ff.

2) Bernheim, Lehrbuch der historischen Methode, 2. Aufl. 1894, S. 99 ff.

luten Monarchien hinausgewachsen, welche bewaffnete Grenzwächter aufstellen, die jedem Ankömmling seinen Pass abverlangen, um mit peinlicher Indiscretion nach Herkunft, Nationale und Beruf zu forschen. In der Wissenschaft wird nur gefragt, was man leistet, nicht aber woher man kommt und wo man domiciliert.

Was leistet nun die Sociologie? Welche ihrer Merkmale berechtigen sie, ihren Platz neben den herkömmlichen Wissenschaften einzunehmen oder gar in einzelnen ihrer Verzweigungen die Führung zu beanspruchen? Ihr Object theilt sie ja mit einer Reihe von Grenzwissenschaften, als da sind: Geschichte, insbesondere Kulturgeschichte und Geschichtsphilosophie, vergleichende Ethnographie und Anthropologie, Nationalökonomie und Moralstatistik. Das gemeinsame Object aller ist nämlich die menschliche Gesellschaft, anders ausgedrückt: menschliches Zusammenleben und Zusammenwirken. Nun kann aber dieselbe menschliche Gesellschaft unter drei Gesichtswinkeln philosophisch betrachtet werden: 1) ontologisch, in ihrem räumlichen Nebeneinanderleben und socialen Zusammensein. Als Hilfsdisciplinen kommen hier neben der Biologie in Betracht: Anthropologie, Ethnographie, Palaeontologie, Demographie, Moralstatistik und Wahrscheinlichkeitsrechnung; 2) historisch, in ihren typisch wiederkehrenden gemeinsamen Handlungen, in der Succession des Zusammenwirkens menschlicher Individuen, welche durch ein gemeinschaftliches Band — Familie, Sippe, Clan, Stamm, Beruf, Sitte, Recht, Religion, aesthetische, ökonomische oder sociale Interessen, Staat — zusammengehalten werden. Als Hilfsdisciplinen kommen hier vornehmlich in Betracht: Kriminal-Anthropologie und gerichtliche Medizin, Geschichte in ihrem weitesten Verstande, insbesondere Kulturgeschichte, Philosophie der Geschichte und Nationalökonomie; 3) normativ, in ihren gemeinsamen Aufgaben und Zwecken, im gesellschaftlichen Sollen (sociale Deontologie). Hier treten zuvörderst Recht, Religion, Politik, sociale Logik und Ethik, weiterhin alle Disciplinen helfend zur Seite, welche es — wie z. B. die Moralstatistik — mit Imperativen socialen Handelns zu thun haben. Im ersteren Falle verfahren die das Gesellschaftsleben behandelnden Wissenschaften descriptiv, sofern sie das Nebeneinandersein socialer Beziehungen in einem gegebenen Zeitabschnitt fixieren, beobachten, classificieren und beschreiben; im zweiten genetisch, indem sie das Nacheinander menschlicher Handlungsweisen festzusetzen und ihr Durcheinander, d. h. die sociale Causalität abzuleiten suchen; im dritten endlich normbildend, pflichten-schaffend, gesellschaftliche Verhaltungsmassregeln formend, sociale Imperative gestaltend.

Die erste Gruppe von Wissenschaften hat es also mit der Feststellung der Stabilität menschlichen Zusammenlebens, mit dem räumlichen Nebeneinander, der Kategorie der Modalität, dem socialen Sein zu thun; die zweite mit dem zeitlichen Nacheinander gesellschaftlichen Zusammenwirkens, also der Kategorie der Relation, dem bisherigen socialen Geschehen; die dritte endlich mit einem socialen Sollen. Dieses Sollen begreifen wir aber als ein Geschehen im Futurum, sofern dieses künftige Geschehen einen aus dem erkannten gemeinsamen Zweck menschlichen Zusammenwirkens sich ergebenden, also im wesentlichen teleologisch motivierten socialen Befehl in sich schliesst.

Die Sociologie packt nun das Problem der menschlichen Gesellschaft von allen diesen Seiten zugleich an; sie darf daher wegen der Weite ihres Horizonts den umfassendsten wissenschaftlichen Anspruch erheben — darin der Philosophie selbst nicht unähnlich. Wie die Philosophie nach den Definitionen Comte's und Wundt's ihrem Wesen nach dazu berufen und eben darum berechtigt ist, die letzten Verallgemeinerungen aller Wissenschaften zu ziehen, um dieselben in ein widerspruchsloses Verhältnis zu einander zu setzen, so hat die Sociologie die Wechselwirkung menschlicher Individuen, d. h. alle Formen menschlichen Zusammenlebens und Zusammenwirkens zu untersuchen, um auf Grund dieser universellen Betrachtung des gesellschaftlichen Geschehens eine sociale Weltanschauung herauszupräparieren, gleichwie die grossen Denksysteme der Vorzeit uns eine universale Weltanschauung zurechtconstruiert haben. Demnach ist die Sociologie ihrem Grundwesen nach eine Philosophie der Gesellschaft — Socialphilosophie[1] —, wie man das unglückliche Wort Sociologie umtaufen

1) Schon Hobbes prägt den Terminus *social philosophy*, und in der Vorrede zu seiner, die Philosophia prima behandelnden Schrift De corpore behauptet er nicht ohne Selbstgefühl, die neue Wissenschaft, die Socialphilosophie

müsste, hätte es nicht seit Comte ein trauriges Gewohnheitsrecht erlangt. Die Sociologie ist nach alledem derjenige Ausschnitt der Philosophie, welcher das menschliche Zusammenwirken von allen Seiten beleuchtet. Strebt die Philosophie ihren obersten Zielen nach dahin, uns die Gesetze des gesammten Weltgeschehens zu enthüllen, so beschränkt sich die Socialphilosophie darauf, uns den mannigfach constatierten Rhythmus des socialen Zusammenwirkens menschlicher Individuen dadurch zu erklären, dass sie diesen auf einige oberste Formeln zu bringen sucht. Untersucht die Logik die Formen und Gesetze des Denkens, die Psychologie den Ursprung und die Entwicklung alles seelischen Geschehens überhaupt, die Ästhetik die Bedingungen und Formen des künstlerischen Schaffens und Geniessens, so die Sociologie den Rhythmus der menschlichen Wechselwirkungen in allen ihren Offenbarungsformen, so dass die — vielfach so genannte — praktische Philosophie, wie Rechts-, Religions- und Staatsphilosophie, von der Sociologie eingeschlossen wird. Während nämlich diese Disciplinen nur einzelne Formen menschlichen Zusammenwirkens speciell betrachten, geht die Sociologie allen diesen Formen generell nach.[1])

In der socialen Statik betrachtet die Sociologie zunächst die erste Form aller Sociabilität: das gesellschaftliche Zusammensein, d. h. die Coexistenz mehrerer Individuen, deren Zusammenwirken zu gemeinsamen Zwecken eine gewisse Stabilität, eine typisch sich wiederholende Regelmässigkeit aufweist. Das räumliche Nebeneinander von einzelnen socialen Functionen, d. h. der erkannte sociale Zustand bestimmter Gruppen, wie er sich in Sprache, Sitte, Recht u. s. w. äussert, wird hier in einem gegebenen Momente zeitlich fixiert, und der Rhythmus des Zusammenwirkens dieser Gruppen beschrieben, woraus sich alsdann typische Erscheinungen des socialen Lebens der betreffenden Gruppen, Klassen, Rassen oder Völker ergeben. Das methodische Verfahren ist hier ein vorwiegend descriptives. Die in Betracht kommenden wissenschaft-

---

sei nicht älter als sein Buch De cive (1642). Ratzenhofer plädiert neuerdings, a. a. O. S. 2, für Beibehaltung der traditionell eingebürgerten Bezeichnung „Sociologie“.

1) Dazu Giddings, The principles of Sociology, 1896, S. 31; Ratzenhofer a. a. O. S. 7.

lichen Hilfsdisciplinen sind Palaeontologie, Anthropologie und vergleichende Ethnographie für zurückgebliebene, Demographie, Statistik, insbesondere Moralstatistik und Wahrscheinlichkeitsrechnung für vorgeschrittenere Culturen. Bildlich gesprochen, stellt die sociale Statik die Anatomie des socialen Geschehens in sich dar, sofern sie das jeweilige Gleichgewicht im menschlichen Zusammenwirken untersucht und so gleichsam durch Querschnitte den momentanen Befund bestimmter gesellschaftlicher Organisationen festzustellen sich bemüht.

Anders die sociale Dynamik.[1]) Sie begnügt sich nicht damit, den jeweiligen Bestand der Gesellschaft bezw. einzelner Gesellschaftsformen als empirische Thatsache festzustellen und deren Zustände zu beschreiben; sie erhebt vielmehr den Anspruch, einerseits die Ursachen der von der Statik aufgedeckten socialen Thatsachen entwicklungsgeschichtlich zu erklären, andererseits die Wirkungen derselben auf die künftige Gestaltung des socialen Geschehens vorauszuberechnen. Alle Erklärung aber ist, wie Sigwart (Logik II, 459) bemerkt, ihrem Wesen nach Deduction. Verfährt also die sociale Statik vorwiegend inductiv, so die sociale Dynamik deductiv. Beschränkt sich die erstere in ihrer vergleichenden Beschreibung auf empirische Verallgemeinerungen (generalisierende Induction bei Sigwart), so prätendiert die letztere in ihrer angeblichen Erklärung des Vergangenen und Vorausberechnung des Zukünftigen rückwärts schauend reine Causalgesetze, vorwärts blickend vollkommene Wirkungsgesetze zu construieren [2]) — darin der Physiologie vergleichbar.

Das wissenschaftliche Ideal der Dynamik ist die Astronomie. Wie diese Sonnen- und Mondfinsternisse auf Jahrtausende hinaus mit unfehlbarer Sicherheit vorausberechnen kann, so möchte sie, als Ideal gedacht, die Constellation des künftigen socialen Geschehens mit mathematischer Präcision voraussagen und, wenn irgend möglich, diese Prognose in mathematische Formeln kleiden. Hier nun befindet sich die Sociologie auf einem Irrwege, in einer Sackgasse,

---

1) Giddings verwirft die von Comte stammende Einteilung in sociale Statik und Dynamik, für welche letztere er „Kinetik“ setzen möchte, a. a. O. S. 57 ff.

2) Vgl. dazu Sigwart, Logik II, §§ 96, 97, 101; Wundt, Logik II[2], S. 133 ff. über den Begriff des empirischen Gesetzes.

aus welcher wir sie befreien müssen, sollen wir anders jener Gefahr entrinnen, welcher einst die Geschichtsphilosophie, die Vorläuferin der Sociologie, erlegen ist, dass sie nämlich ihre Ziele zu hoch gesteckt hat und an der Trunkenheit ihrer Phantasie zu Grunde gegangen ist.

Machen wir uns zuvörderst klar, dass alle sociale Dynamik es nicht mehr mit einem räumlichen Nebeneinander, einem socialen Sein, sondern mit der Succession menschlicher Handlungen, mit einem zeitlichen Nacheinander, einem Geschehen zu thun hat. Ihr Problem ist nicht mehr wie bei der Statik die Frage des socialen Gleichgewichts, die Stabilität gesellschaftlicher Zustände, d. h. die Coexistenz von Merkmalen und Eigenschaften der zu einer Gesellschaft verbundenen Individuen, sondern die Veränderung, d. h. Succession der Handlungen dieser Individuen. Sie arbeitet also nicht wie die Statik mit dem Denkmittel der Constanz, sondern mit dem der Variabilität. Es findet also eine kategoriale Verschiebung statt. Die Sociologie übersiedelt in der Dynamik aus der Kategorie der Modalität in die der Relation. Sie verlässt also die descriptive Methode, und bedient sich der historisch-genetischen. An die Stelle der Feststellung, des Beschreibens und Klassificierens von Eigenschaften ist jetzt das Erklären und Ableiten von Handlungen getreten. In der Statik, deren Problem das Gleichgewicht der socialen Existenz und die Beschreibung socialer Zustände ist, operierten wir vornehmlich mit der Kategorie der Substantialität (dem Verharrenden), weiterhin mit Eigenschafts- und Zustandsbegriffen, in der Dynamik hingegen wird vorwiegend mit der Causalität (dem Fliessenden), also mit Beziehungsbegriffen, gearbeitet. Hier steckt nun jener logische Denkfehler, den zuletzt Sigwart[1]), Windelband, Simmel und Rickert mit besonderer Energie aufgedeckt haben. Man hat die sociologischen Methoden planlos zusammengewürfelt. Man setzte sich über den Unterschied zwischen naturwissenschaftlicher und historischer Methode souverän hinweg, ja man verwischte geradezu die Grenzen zwischen Naturwissenschaft und Geschichtswissenschaft, indem man die vor-

---

1) Logik II, 533; Rümelin, Über den Begriff eines socialen Gesetzes, Reden und Aufsätze, 1 ff.

ausgesetzte Identität von Natur und Geist im Absoluten auch auf die Methode|n der Naturwissenschaft stillschweigend übertrug.

Dass nun das Gesetz der Causalität als universales Weltgesetz auch in der Geschichte gilt, daran wird niemand zweifeln. Ob es aber mit unseren heutigen primitiven sociologischen Hilfsmitteln, der Statistik und Wahrscheinlichkeitsrechnung, gelingen wird, im Rhythmus des socialen Geschehens mechanische Notwendigkeit — sei es auch nur als Denknotwendigkeit — und strenge Allgemeinheit herauszudestillieren, mag billig bezweifelt werden.[1]) Treffend sagt darum Simmel[2]): „Die Ereignisse, deren Verknüpfung zu historischen Gesetzen wir suchen, sind aus so vielen Beiträgen znsammengesetzt, dass man die genaue Wiederholung des Verursachenden an einer anderen Stelle von Zeit und Raum getrost als unmöglich bezeichnen kann. Da nun aber das Gesetz .... nur für seine völlig identische Wiederholung gilt, und wir mangels der Erkenntniss der elementaren Teilcausalitäten den Factor nicht kennen, dessen Variierung das spätere Ereignis als eine Function des früheren auszurechnen gestattete: so bleibt jenes Gesetz ein Gesetz *in partibus infidelium:* es hat seine Bedeutung an jenem einzigen Fall erschöpft und findet auf nichts weiteres mehr Anwendung“. Doch gilt diese Einmaligkeit nur von den rein geschichtlichen Ereignissen. Diese wiederholen sich in absolut gleicher Constellation niemals — es sei denn, man acceptiere den pythagoreisch-stoischen Mythos der Palingenese, in welchem die Mystiker Schopenhauer und Nietzsche den Gipfelpunkt philosophischer Weisheit erblicken wollten. Wohl aber zeigen sociale Gliederungen einen festen Rhythmus, bestimmt wiederkehrende, typische Formen des Geschehens auf.

Gesellschaftliche Zustände wiederholen sich bei annähernd gleichen Kulturbedingungen mit statistisch feststellbarer Regelmässigkeit. Volkssitten, Rechtsanschauungen, Staatsinstitutionen, Kunstrichtungen, politische, religiöse, litterarische, ökonomische und sociale Bewegungen zeigen in ihrem Verlauf durchgängig rhythmische Parallelerscheinungen auf. Das Postulat der Rechtseinheit,

1) Vgl. Sigwart, Logik II § 92, S. 352; § 101 S. 525 ff.

2) Die Probleme der Geschichtsphilosophie, 1892, S. 36 ff.; Über sociale Diffeenzrirung, 1890, S. 9; Einleitung in die Moralwissenschaft, II, 360 ff.

um nur ein Beipiel aus der jüngsten Vergangenheit heranzuziehen, verwirklicht sich in parallel laufenden Bewegungen in Deutschland, Italien und der Schweiz. Die sociale Gesetzgebung (Arbeiterschutz) zeigt in allen Kulturstaaten eine annähernd gleiche rhythmische Aufwärtsbewegung. Der Kreislauf der Moden, die immer in den obersten Gesellschaftsschichten einsetzen, um sich zuletzt in den untersten vergröbert abzulagern, weist ebenso typisch wiederkehrende Regelmässigkeiten auf, wie die Psychologie des Geldes, wie die jener zahllosen socialen Bewegungen und Institutionen, die bei einzelnen Völkern auftauchen, um nach und nach, sobald sie ihre teleologische Daseinsberechtigung nachgewiesen haben, unseren ganzen Kulturkreis zu erobern (Aufhebung der Sklaverei, Abschaffung der Körperstrafe, Frauenemancipation, Volkshochschulen, Friedensbewegung etc.).[1])

Das rein geschichtliche Ereignis mag ja ein Einmaliges, ein Unicum, ein *ἅπαξ λεγόμενον* sein; sociale Ereignisse aber, und zwar Institutionen nicht minder, als Bewegungen und Zustände, wie sie uns die Moralstatistik etwa vor Augen führt, zeigen einen bestimmten Rhythmus auf, der freilich nicht mit strenger, wohl aber mit comparativer Allgemeinheit auftritt. Die sociale Causalität, die wir als Postulat unseres Denkens niemals preisgeben können[2]), ist, um mit Leibniz zu sprechen, keine *vérité éternelle*, sondern eine *vérité de fait*, oder besser, mit Spinoza gesagt: keine unendliche, sondern nur eine endliche Causalität.[3]) Unendliche Causalität kann nur vom kosmischen Process, allenfalls auch von der biologischen Entwicklung aller Lebewesen überhaupt ausgesagt werden, nicht aber von der socialen Entwicklung des Menschengeschlechts. Denn nur im Rhythmus des kosmischen oder biologischen Geschehens können wir mit apodiktischer Sicherheit aussagen, weil, wo nötig, mathematisch beweisen, bezw. durch physikalische, chemische oder physiologische Experimente demonstrieren, dass *b* immer auf *a* folgt; im socialen Rhythmus hingegen besitzen

1) Weitere Beispiele bei Spencer, I, Cap. X.

2) Vgl. dazu Sigwart, Logik II, 22, 411 ff., 525 ff.; Rümelin, Zur Theorie der Statistik, Reden und Aufsätze, S. 208 ff.

3) Vgl. dazu W. Windelband, Geschichte und Naturwissenschaft, Rectoratsrede, 1894, S. 24 f.; Sigwart, Logik II, 533.

wir diese Apodikticität nicht. Da folgt *b* auf *a*, wie Statistik und Wahrscheinlichkeitsrechnung uns zeigen, in den meisten Fällen, aber durchaus nicht immer. Durch einfache Aufzählung der übereinstimmenden Fälle aber (per enumerationem simplicem) gelangen wir, wie schon Bacon richtig gesehen hat, noch lange nicht zu einem gültigen Inductionsschluss. Auf Grund dieser Art blosser Stoffansammlung vermögen wir zwar vorläufige Hypothesen zu unserer Orientierung zu formulieren, prärogative Instanzen, wie sie Bacon nennt[1]), zu schaffen, nicht aber wissenschaftlich gültige Allgemeinurteile zu formulieren. Erst wenn man die negativen Instanzen, wie sie Bacon, bezw. die Unterschiedsmethode neben der Übereinstimmungsmethode, wie Mill sie bezeichnet, in allen ihren Abstufungen sorgfältig berücksichtigt hat, eröffnet sich die methodische Möglichkeit, auch vermittelst des inductiven Verfahrens zu allgemein gültigen Schlüssen zu gelangen.[2]) Giebt es nun aber Ausnahmen von der sociologisch constatierten Regel, so sind die sogenannten socialen Gesetze keine Gesetze im strengen Sinne der Naturwissenschaft, d. h. sie gelten nicht immer und überall, sondern sie sind und bleiben vortreffliche heuristische Behelfe, Erfahrungsregeln, empirische Verallgemeinerungen, im günstigsten Falle regulative Principien. Ein socialer Rhythmus bietet uns, wie die Grammatik für die Sprache, nur Regeln, keine Gesetze. Regeln kennen Ausnahmen, Gesetze nicht, was aber nicht ausschliesst, dass auch grammatische Regeln auf letzte phonetische Gesetze zurückdeuten.[3]) Hier steckt nun das *πρῶτον ψεῦδος* der socialen Dynamik. Und so wird man denn auch meine logischen Bedenken gegen die biologische Methode in der Sociologie begreifen. Sie hat freilich bisher heuristisch Glänzendes geleistet.

Die Ansätze zu dieser Denkweise lassen sich sogar bis ins Altertum zurückverfolgen; die biologische Methode wurzelt in der Vorstellungsweise des antiken Makro- und Mikrokosmos.[4]) Das

1) Novum Organon II, 20.

2) Es sind dies empirische Gesetze im Sinne Wundts, Logik II[2], 133 ff.

3) Auch die vergleichende Sprachwissenschaft wird gut thun, von phonetischen Gesetzen vorerst noch recht behutsam zu sprechen; vgl. Michel Bréal, La sémantique, Revue de deux Mondes, Juin 1897, p. 810; Essai de sémantique, Paris, Hachette, 1897.

4) Vgl. m. Psychologie der Stoa I, Anhang, wo die Entstehung der Lehre vom Mikro- und Makrokosmos skizziert wird.

vereinheitlichende Denken, welches auch dem vorgeschrittenen Kulturmenschen unabtrennbar anhaftet, nahm in der Antike noch durchweg die Form des personificierenden Denkens an. Wo wir Abstracta bilden, deren Irrealität keinem Denkgeübten zweifelhaft ist — alle sogenannten abstracten Allgemeinbegriffe —, da schob sich beim Naturmenschen und, in abgeschwächter Form, selbst bei antiken Denkern — meist freilich unvermerkt — eine Personification ein. Die Kategorie der Gegenstandsbegriffe war die vorherrschende. So verwandelte das analogisierende und personificierende Denken der Antike die Einheit des Kosmos in einen Menschen im Grossen, wie es umgekehrt den Menschen zu einer Welt im Kleinen stempelte. Platon verpflanzte die bereits vorhandene Lehre vom Makrokosmos auf sociale Erscheinungen: er nannte den Staat einen Menschen im Grossen.[1] Aristoteles treibt ebenfalls sociologischen Makrokosmos, wenn er den Staat als Organismus begreift.[2] Dieser sociologische Makrokosmos, dessen Figürlichkeit man nie aus den Augen hätte verlieren dürfen, ist zum methodologischen Verhängnis geworden.[3] Man übersah, dass man es hier im günstigsten Falle mit einem Analogieschluss, vielleicht gar nur mit einer Metapher zu thun hatte. Im jugendlichen Rausche der sociologischen Forschung verwandelte sich die Metapher in eine strenge Analogie, die Analogie in einen Parallelismus, der Parallelismus in eine förmliche Identität. Bei Aristoteles ist die „organische“ Methode vielleicht nur Metapher, jedenfalls nicht mehr als eine lose Analogie[4], bei

1) Gesetze V, 739 c; VIII, 829 a: *καθάπερ ἕνα ἄνθρωπον.*

2) Polit. I, 2 p. 1252 b 30, p. 1253 a 19; III, 9 p. 1280 a 25; VII, 15 p. 1334 a 11 ff.; VII, 2 p. 1224 a 5 ff.

3) Vgl. W. Dilthey, Einleitung in die Geisteswissenschaften I, 289; ebenda S. 88 ff.

4) Die Grenzen zwischen Analogie und Metapher sind bei Aristoteles fliessende. Von einer Metapher bei Homer sagt Aristoteles z. B. Rhetor. III p. 1411 Ende, sie sei *κατ᾽ ἀναλογίαν* zu Stande gekommen. Eine Definition der Analogie findet sich bei Aristoteles Poet. C. XXI p. 1457b. Der Ausdruck „Organisch“ ist eine aristotelische Neubildung; auch die Seele definiert er bekanntlich als *ἐντελέχεια ἡ πρώτη σώματος φυσικοῦ ὀργανικοῦ.* Doch tritt hier „organisch“ noch im Wortsinne „werkzeuglich“, und nicht im Gegensatz zu *μηχανικός* auf; vgl. R. Eucken, Gesch. und Kritik der Grundbegriffe der Gegenwart, 1878, S. 15 f., Geschichte d. philos. Terminologie, 1879, S. 26. Über das Verhältnis von Metapher und Analogie vom Standpunkte der Semasiologie s. neuerdings Michel Bréal, Essai de Sémantique, 1897.

Hobbes wird der Staat im Leviathan Person, während bei Spinoza (eth. IV, prop. 18, schol.) die Figürlichkeit des Vergleichs schärfer hervortritt. Bei Schelling verwandelt sich die aristotelische Metapher in eine strenge Analogie [1]; bei Spencer und Schäffle wird die Analogie zum strengen Parallelismus, um endlich bei Bluntschli [2], von Lilienfeld und Worms zur völligen Identität zusammenzuschmelzen. [3]

Es ist dies genau der gleiche Denkfehler, den de la Mettrie im vorigen Jahrhundert in seinem *L'homme machine* und noch früher Descartes [4] in seinem *animal machine*, der Lehre von der Seelenlosigkeit der Tiere, begangen hat. Nur dass bei de la Mettrie die Analogie zwischen Mensch bezw. Tier und Maschine eine durchgreifendere und infolgedessen einschmeichelndere war, als es die Analogie zwischen biologischem und socialem Geschehen ist. Das sociale Leben ist unvergleichlich reichhaltiger, mannigfaltiger, complicierter, als das biologische Geschehen, während die Hilfsmittel zu seiner Erforschung umgekehrt proportional zu seiner

---

1) Bei Schelling (Werke VI, 575 ff.) erscheint die organische Staats-, Rechts- und Geschichtsauffassung sogar weit eher als Parallelismus, denn als blosse Analogie; vgl. auch Fichte, Werke V, 108. Über Hegels Auffassung des Staates als Organismus neuerdings Bosanquet im Mind, Jan. 1898, p. 2.

2) Geschichte des allgem. Staatsrechts u. s. w. München, 1864.

3) Vgl. darüber neuerdings P. Barth a. a. O. I, 94 ff., 164 ff., und die dort angezogenen Stellen. Doch gelangt bei Barth nur die logische Seite des Analogieschlusses zu ihrem vollen Recht, nicht die historische. Auf die Geschichte des Terminus Organismus, für welche tüchtige Vorarbeiten von Eucken vorliegen (Geschichte der philos. Terminologie, 1879; Geschichte und Kritik der Grundbegriffe der Gegenwart, 1878, S. 156 ff.), ist Barth gar nicht eingegangen. Und doch kann die Frage nach der Berechtigung der biologischen Analogie zur Erklärung von Gesellschaftsformen gerade von dieser Seite gar manchen glücklichen Fingerzeig empfangen. Ebenso vermisse ich bei Barth ein Eingehen auf die „organische Rechts-, Staats- und Geschichtsauffassung" Schellings und Bluntschlis. Historisch hängt die organische Methode in der Sociologie mit der Tradition der historischen Rechtsschule (v. Savigny) und der aus dieser erwachsenen organischen Staatslehre Bluntschlis aufs engste zusammen. Der Name Bluntschlis kommt aber, soweit ich sehe, in dem an Excerpten sonst so reichen Buche Barths gar nicht vor.

4) Schon im 16. Jahrhundert hat ein spanischer Arzt, Gomez Pereira, in seiner Antoniana margerita, die Seelenlosigkeit der Tiere behauptet und damit unmittelbar Descartes, mittelbar dem „L'homme machine" de la Mettries vorgebaut.

Compliciertheit sind. Die biologischen Thatsachen sind nämlich auf der einen Seite einfacher, greifbarer, durchsichtiger als die socialen, und doch stehen diesen einfacheren und zugänglicheren Thatsachen die glänzenden experimentellen Hilfsmittel, als da sind: Mikroskop, Titrier- und Färbemethoden, Einbettung und Macerierung, Lupe und Skalpell u. s. w. zur Verfügung, während die socialen Thatsachen zu ihrer Feststellung vorerst auf die selbst nur schwankenden Hilfsdisciplinen: Statistik und Wahrscheinlichkeitsrechnung beschränkt bleiben. Gewiss können auch die Sociologen beobachten, vergleichen, unterscheiden; aber mit dem gleichen Erfolge experimentieren, wie die Naturforscher, das vermögen wir bei der Unzulänglichkeit unserer technischen Hilfsmittel so gut wie nicht.[1]) Wir können auf Grund der Moralstatistik, der Demographie und Wahrscheinlichkeitsrechnung wohl gewisse empirische Verallgemeinerungen aufstellen, Erfahrungsregeln von comparativer Allgemeinheit formulieren, aber sociale Gesetze zu construieren, welche strenge Allgemeingiltigkeit beanspruchen, das vermögen wir nicht. Eine mechanische Notwendigkeit vollends werden wir im socialen Geschehen nur für die biologische Seite, gleichsam für den Chemismus des menschlichen Zusammenlebens, aber nie und nimmer für die psychologischen Seiten menschlichen Zusammenwirkens nachzuweisen im Stande sein. Alle Notwendigkeit des socialpsychischen Geschehens ist eben, wie wir später zeigen werden, rein teleologischer Natur. Nur die Naturwissenschaften also, denen wunderbar vervollkommnete Experimentiermethoden zur Verfügung stehen, vermögen heute schon auf die Formulierung allgemeiner Gesetze auszugehen. Wir aber müssen uns bei der unendlichen Compliciertheit der Sociologie und der Mangelhaftigkeit unserer Technik dabei bescheiden, von Gesetzen in strengem Sinne vorerst zu abstrahieren und in empirischen Generalisationen vorläufig unser Genüge zu finden; denn die Sociologie ist, richtig verstanden, jetzt noch keine Gesetzeswissenschaft, sondern — in den vorsichtigeren unter ihren Vertretern zumal — bloss descriptive Ereigniswissenschaft. Wir haben es leider noch nicht zum All-

1) Der ehrwürdige sociologische Optimist von Lilienfeld glaubt freilich heute schon eine experimentelle Sociologie in Aussicht stellen zu dürfen, Pathologie Sociale 1896 und Rede auf dem Congress 1897.

gemeinen, zu nachweislich gesetzmässigen Zusammenhängen gebracht, sondern stecken noch mitten in der Beschreibung des scheinbar Zufälligen und Individuellen, in welchem sich nur behutsam und allmählich einzelne typisch wiederkehrende Züge aufzeigen lassen. Wir stimmen daher Windelband bei, der den Unterschied der naturwissenschaftlichen und geschichtlichen Erkenntnis logisch dahin definiert hat: das Ziel der naturwissenschaftlichen Erkenntnis ist das generelle, apodiktische Urteil, das der geschichtlichen der singulare, assertorische Satz.[1])

Darauf aber muss ich gegen Rickert bestehen, dass auch die Ereignisse einen bestimmten Rhythmus aufweisen.[2]) Sociale Vorgänge zeigen in unzähligen Fällen Constanz ihrer Structur auf der einen, und Periodicität ihrer Wiederkehr auf der anderen Seite. Handlungen bestimmter socialer Gruppen wiederholen sich endlos oft in monotoner Regelmässigkeit. Geburts-, Todes-, Ehe-, Brand-, Unfalls- und Criminalstatistik sprechen hier, wie schon Kant in den Einleitungsworten seiner „Idee zu einer allgemeinen Geschichte in weltbürgerlicher Absicht" (1784) richtig gesehen hat, eine nicht misszuverstehende Sprache. Geschichtliche Vorgänge mögen daher als blosse Einmaligkeit begriffen werden; sociale Vorgänge haben sicherlich ihren festen Rhythmus. Mag auch in der Geschichte jener nominalistische Individualismus zulässig sein, dem Windelband einmal die Fassung gegeben hat[3]), dass „alle Wertbestimmung des Menschen auf das Einzelne und Einmalige sich bezieht ... in der Einmaligkeit, der Unvergleichbarkeit des Gegenstandes wurzeln alle Wertgefühle", und den Carlyle in seinem übertreibenden Heroencultus dahin formulirt hat, „die Geschichte ist die Biographie grosser Männer" — in der Sociologie ist dieser extreme Individualismus ein Unding. Hätte es die Sociologie wie die Geschichte nur mit Individuen zu thun; hätte sie kein statistisches Material zur Registrierung socialer Regelmässigkeiten, typisch sich wiederholender Massenerscheinungen[4]), periodisch wiederkehrender socialer

1) A. a. O. S. 11. Dazu Gesch. der Philos. S. 500 ff.; Rickert a. a. O. S. 302; Wundt, System d. Philos. S. 596. 598. 605, Logik II, 567.

2) In meiner Socialphilos. S. 40, Note, sind unter „Gesetzen" immer nur die Rhythmen der Ereignisse gemeint.

3) A. a. O. S. 21 f. Vgl. hingegen Bernheim a. a. O. S. 500 ff.

4) Vgl. darüber Lexis, Zur Theorie der Massenerscheinungen.

Phaenomene zur Verfügung, dann hätte sie gar keine wissenschaftliche Daseinsberechtigung. Ohne die zugestandene Periodicität des socialen Geschehens wäre die Sociologie als Wissenschaft undenkbar.

Ein Anderes aber ist ein naturwissenschaftliches Gesetz, das immer und überall sich gleichmässig wiederholt, beziehungsweise als mit unfehlbarer Sicherheit sich wiederholend gedacht werden muss, und wieder ein Anderes eine empirische Generalisation, die nach der Wahrscheinlichkeitsrechnung sich zwar nicht immer und überall, aber doch in den allermeisten Fällen wiederholt, wofern die Existenzbedingungen annähernd die gleichen sind. Die Sociologie steht nun, wenn unsere Definition derselben das Richtige trifft, in der Mitte zwischen Gesetzeswissenschaft und Ereigniswissenschaft; sie vermittelt den Übergang von dieser zu jener. Ist das historische Geschehen ein einmaliges, das naturgesetzliche Geschehen ein constant sich wiederholendes, so ist das sociale Geschehen ein in bestimmten Rhythmen periodisch wiederkehrendes. Die Ursachen dieser socialen Rhythmen können wir vielleicht in groben Zügen aufzeigen, aber ihre Wirkungen lassen sich niemals mit unfehlbarer Präcision vorausberechnen. Erfahrungsregeln oder empirischen Gesetzen, wie Wundt sie nennt, kommt eben keine Apodikticität zu. Die auch socialen Rhythmen zugestandene Allgemeingiltigkeit ist daher nur eine comparative, keine absolute, und die von ihnen behauptete Notwendigkeit ist nur eine teleologische, keine mechanische. Die periodische Wiederkehr gewisser socialer Erscheinungen bildet kein Gesetz, sondern, gleich der Sprache, nur eine Regel. Gesetzen muss man, Regeln soll man sich unterwerfen. Und so dürfen wir denn nur den Naturgesetzen Apodicticität der Geltung zuschreiben; bei sogenannten socialen Gesetzen hingegen gelangen wir zunächst über die nur relative Sicherheit von Wahrscheinlichkeitsrechnungen nicht hinaus.[1])

Haben wir es nun mit fertigen, *a priori* geforderten Weltformeln zu thun, welche für ihren Substanzbegriff Zeitlosigkeit beanspruchen, wie das *πάντα ὁμοῦ* eines Parmenides oder Anaxagoras, die „Idee" Platons, der geschichtslose Emanatismus der Neupla-

---

1) Über die Grenzen der Wahrscheinlichkeitsrechnung s. Sigwart a. a. O. II § 102.

toniker, das „*Simul*“ Spinoza's, das „*nunc stans*“ der Scholastiker und Schopenhauers, dann hat natürlich der ganze Weltprocess keine Geschichte. Infolgedessen lässt sich die historische Methode weder auf das Weltgeschehen im allgemeinen, noch auf das sociale Geschehen im besonderen anwenden. Alles sociale Geschehen bleibt alsdann nur ein Specialfall des Weltgeschehens. Wie dieses zeitlos gedacht wird, wie Spinoza z. B., der reinste Typus dieser Denkrichtung, innerhalb der Natura naturans gar keine Entwicklung zulässt und selbst für die Natura naturata keine eigentliche Geschichte des Kosmos kennt, weil sich dieser nach ihm nicht historisch entwickelt, sondern nur logisch entfaltet, so wäre auch das sociale Zusammenleben der Menschen, *sub aeternitatis specie* gesehen, d. h. in seiner letzten Causalität begriffen, nur zeitlos, geschichtslos (*simul*) zu denken. Thatsächlich wissen denn auch diejenigen dogmatischen Philosophen, welche vorwiegend mit dem Denkmittel der Constanz operieren, von einer historischen Betrachtung der Dinge so gut wie nichts. Im System Spinoza's z. B. ist für die Geschichte ebensowenig Platz vorhanden, wie in dem Descartes'. Darum bevorzugen beide die mathematische Methode. Die Mathematik ist eben die Wissenschaft des Ruhenden, Seienden, der Constanz und Coexistenz, die Geschichte die der Bewegung, des Werdenden, Geschehenden — der Evolution. Da die Substanz Spinoza's zeitlos zu denken ist, so bleibt die ihr einzig adaequate Methode die mathematische, zumal für sie Mathematik nicht bloss eine, sondern die Wissenschaft der Constanz ist. In diesen Systemen ist für eine andere denn eine logische Bewegung kein Platz vorhanden. Die hier zu Grunde liegende, wesentlich von Descartes inspirierte Weltanschauung ist eine streng und starr mechanische. Der Rationalismus weiss von einer historischen Methode so gut wie nichts. Im ganzen Altertum war die Geschichte als solche, streng genommen, nicht einmal philosophisches Problem.

Nun giebt es aber eine zweite metaphysische Denkrichtung, die nicht vom ruhenden Sein, vom räumlichen Nebeneinander, sondern vom zeitlichen Nacheinander, vom Geschehen, nicht von der Coexistenz und Constanz, sondern von der Succession und Variabilität ausgeht, und diese begreift die grossen evolutionistischen Denker von Heraklit ab bis auf Leibniz, Fichte, Schelling, Hegel und Spencer in sich. Hier wird die Realität nicht mehr im ruhenden Sein, in der Unveränderlichkeit des räumlichen Nebeneinander, also in Zuständen, sondern gerade im Geschehen, im zeitlichen Nacheinander, im Thun und Bewirken, mit einem Worte in der Veränderung gefunden. Der Leibnizische Kraftbegriff lebt in der heutigen Energetik (Ostwald) wieder auf. Hiernach ist Welt kein beharrendes Sein, sondern ein ruheloses Werden, ein ewiges Geschehen, ein unausgesetztes Thun — ein Process. An die Stelle des zuständlichen tritt hier durchweg das beziehentliche Denken. Die herrschende Kategorie ist nicht mehr die Modalität, sondern die Relation.

Seit dem endgültigen Siege von Lamarck, Goethe und Darwin über das Dogma von der Unveränderlichkeit der Arten erfolgte im europäischen Denken unseres Jahrhunderts ein allmählicher Bruch mit dem Denkmittel der Constanz, der Substantialität, und das Denkmittel der Variabilität, d. h. die evolutionistische Weltbegreifung eroberte sich nach und nach alle Wissenschaften. In grossen Zügen lässt sich historisch behaupten, dass das Altertum unter dem Banne der Gegenstandsbegriffe, das Mittelalter unter dem der Eigenschaftsbegriffe (Attribute), das 17. Jahrhundert unter dem der Zustandsbegriffe, das unsrige endlich unter dem der Beziehungsbegriffe steht.

Schon Herder, Goethe und Cuvier bedienten sich nämlich der historisch-genetischen Methode im umfänglichsten Masse. Lessing sucht in seiner „Erziehung des Menschengeschlechts“, ähnlich wie Bodin und Vico vor ihm, dem religiösen Problem von der vergleichend-geschichtlichen Seite beizukommen. Goethe und Cuvier haben durch die Anwendung der comperativ-geschichtlichen Methode auf die Lebewesen die Structur derselben erkannt und mittels zahlreicher Analogieschlüsse [1]) auf prähistorische Perioden zurückgeschlossen. Und in unserer heutigen naturwissenschaftlichen Bewegung verhält es sich nicht etwa so, wie vielfach angenommen wird, dass seit Buckle und Spencer die biologischen Methoden nur

1) G. de Greef, Les lois sociologiques, 1893, S. 56.

auf die Geschichte übertragen werden, sondern vielfach auch so, dass umgekehrt die historische Methode, die mit einer evolutionistischen Betrachtungsweise der Dinge unabtrennbar gegeben ist, auf das kosmische Geschehen in erster, und das biologische in zweiter Linie angewendet wird. Wie Laplace und Kant eine Geschichte des Kosmos versucht haben, so hat Häckel im Anschluss an Darwin für das biologische Geschehen ganze Ahnengallerien construiert.[1])

Nur darf die Naturgeschichte nicht ohne weiteres der Menschheitsgeschichte gleichgestellt werden, wie dies z. B. bei Herder durchweg geschieht. In der Naturgeschichte concentriert sich alles wissenschaftliche Interesse um die Fixierung von Gattungen, Typen und Arten; in der Menschheitsgeschichte hingegen spielen die Rassenklassificierungen eine vergleichsweise untergeordnete Rolle. „Mögen auch in der Anthropologie die Gattungsmerkmale und Rasseneigentümlichkeiten der Menschen schärfer hervortreten, so ist mit der Anthropologie unser Interesse am Menschen keineswegs so erschöpft, wie beispielsweise in der Zoologie unser Interesse am Tier. In der Tierwelt kommt alles, beim Menschen hingegen vergleichsweise wenig auf die Gattungsmerkmale an. Das Leben eines Einzeltieres kann zwar Gegenstand einer Liebhaberei, aber nicht Object einer wissenschaftlichen Forschung sein. Beim Menschen hingegen ist umgekehrt das Singulare das unverhältnismässig Bedeutsamere“.[2]) In der Naturgeschichte haben wir es durchweg mit dem Allgemeinen, den Gattungen und ihren Entwicklungsgesetzen, in der Menschheitsgeschichte vornehmlich mit dem Individuellen, mit Persönlichkeiten — sei es Einzelpersönlichkeiten, sei es Volksindividualitäten — und ihren Geschicken zu thun.

Biologische oder astrophysische Phaenomene wiederholen sich in genau derselben Reihenfolge unendlich oft, und können deshalb in die Form eines Gesetzes gekleidet werden, das — für das Denken zum mindesten — notwendig und streng allgemein gilt. Geschichtliche Ereignisse jedoch wiederholen sich, wie bereits ausgeführt, in

1) Darüber Rickert a. a. O. S. 292 ff., dagegen P. Barth a. a. O. S. 5 ff. 374.

2) Vgl. meine sociale Frage im Lichte der Philosophie, 1897, S. 529; dazu neuerdings P. Barth a. a. O. S. 4, 8.

genau derselben Constellation niemals. Eben darum aber lassen sich jene vorausberechnen, diese nicht. Immerhin sieht sich die Biologie, eben weil sie evolutionistisch ist, heute genötigt, sich der historischen Methode zu bedienen, d. h. die Lebewesen nicht bloss in ihren verharrenden Eigenschaften, in ihrem Sein beschreibend zu fixieren [1]), sondern auch in ihrem Thun, ihrer Veränderung, ihrer Entwicklung wissenschaftlich zu begreifen.

Spencer und die sich an ihn anrankende organische Schule versuchen nun aber umgekehrt auf die Geschichte, vor allem auf das sociale Geschehen, biogenetisch-naturwissenschaftliche Methoden anzuwenden. Und hier steckt der logische Grundfehler der sogenannten „organischen" Methode in der Sociologie.

Übersehen wir nicht, dass die Naturwissenschaft, gerade weil sie Gesetzeswissenschaft zu sein beansprucht, es mit dem Allgemeinen, die Geschichtswissenschaft aber es vorwiegend nur mit dem Einzelnen zu thun hat.[2]) Hier klafft eine Lücke. Aus dem logischen Untergrunde dieser Frage taucht das uralte, in der Rumpelkammer der Scholastik modernde, aber von der Sociologie aus der Verschollenheit wieder hervorgeholte Universalienproblem empor.[3]) Die Sociologie wendet das Universalienproblem zum ersten Male auf das sociale Geschehen an. Die Naturwissenschaft, obenan die Biologie, fragt nach den Grundeigenschaften des Menschengeschlechts; sie untersucht den Mechanismus und Chemismus, die anthropologischen und physiologischen, die terrestrischen und klimatischen Bedingungen, unter denen eine Rasse, ein Volk, letzten Endes das ganze Menschengeschlecht lebt. Für die Naturwissenschaft ist der einzelne Mensch gar kein Problem, eben weil sie es nicht mit dem Individuum, sondern mit der Gattung, nicht mit der Zufälligkeit des Einzelnen, sondern mit der gesetzmässigen Notwendigkeit des Allgemeinen zu thun hat. Wenn Goethe (1786) den Zwischenkieferknochen entdeckt, so gilt diese Entdeckung nicht bloss von dem beobachteten Exemplar, dem Experimentierobject,

---

1) Es sei daran erinnert, dass Mill das Sein als Eigenschaft begreifen will.

2) Vgl. Rickert a. a. O. S. 255 ff.

3) Vgl. m. sociale Frage im Lichte der Philosophie S. 515 ff.

sondern für alle Exemplare der gleichen Gattung, also gilt die von Goethe behauptete Allgemeinheit des Zwischenkieferknochens nicht als blosser assertorischer Satz, sondern als apodiktisches Urteil.

Umgekehrt verhält es sich mit der Geschichte. Ein Ereignis wiederholt sich, wie wir bereits wissen, in absolut derselben Zusammensetzung niemals. Was die Geschichte am Charakter Caesars constatiert, „entdeckt", gilt durchaus nicht von allen Menschen. Also hat es die auf den Menschen bezogene Naturwissenschaft mit der gesammten menschlichen Gattung, die Geschichte hingegen mit einzelnen Völkern und Individuen zu thun. Wenn nun E. Bernheim die Geschichte definiert als „die Wissenschaft von der Entwicklung der Menschen in ihrer Bethätigung als sociale Wesen" [1]), und Paul Barth ihr als Gegenstand zuweist „die menschlichen Gesellschaften und ihre Veränderungen" [2]), so scheint uns hier das geschichtliche Einzelindividum ebenso wenig wie das einzelne geschichtliche Ereignis zu seinem vollen wissenschaftlichen Rechte gelangt zu sein. Die Rolle der aesthetischen Anschauung, auf welche Paul Barth das geschichtliche Individuum beschränken möchte (S. 6), wird seiner Bedeutung nicht entfernt gerecht. Die ethische Motivquelle, die jedes grosse Individuum in sich birgt, sofern es die übrigen Menschen, als nachahmende Wesen, zu gleichen Handlungen anspornt [3]), hat Barth ganz ausser Acht gelassen. Nicht bloss als socialer Typus, sondern auch und vor Allem als sittliches Vorbild hat das geschichtliche Einzelindividuum (Alexander, Caesar, Constantin, Friedrich II., Napoleon), wissenschaftliche Daseinsberechtigung.

Wie verhält sich nun aber das Exemplar zur Gattung? Inwiefern ist die einzelne Handlung eines Caesar etwa von seinem socialen Milieu, von vererbten Associationsbahnen oder individuellen Charakterzügen abhängig? Wie verhält sich, fragen wir weiter, der einzelne Mensch zu seiner Gruppe, das Individuum zur Masse, das Volksthum als psychisches Collectivindividuum zum ganzen Menschengeschlecht? Hier hat nun die Sociologie einzusetzen, um die Kluft zwischen bleibender Eigenschaft und einzelner Hand-

1) Lehrbuch der historischen Methode, 2. Aufl. S. 5, 108.
2) A. a. O. S. 4.
3) Hier setzt Gabriel Tarde mit seinen „Lois de l'imitation" ein.

lung des Menschen, zwischen Gesetz und Ereignis, zwischen Collectivhandlungen und Einzelhandlungen, zwischen Gattung und Exemplar, zwischen Milieu und Individuum wissenschaftlich zu überbrücken.

Was berechtigt nun aber die Sociologie zu dieser Mittelstellung? Eben der beobachtete Rhythmus der Ereignisse. Gewisse Handlungen von öffentlichem Interesse — und nur solche sind Object einer Wissenschaft — vollzieht das Individuum als Ausfluss des Collectivwillens seines Milieus. In unzähligen öffentlichen Handlungen der Individuen, Gruppen und Völker zeigt sich Gleichmass auf der einen, Periodicität auf der anderen Seite. Diesen Rhythmus des socialen Geschehens ignoriert die Geschichte; denn sie fragt wesentlich nur nach der empirischen Wirklichkeit, und nicht nach der logischen Wahrheit der einzelnen menschlichen Handlungen. Sie berichtet im günstigsten Falle von den Veränderungen der menschlichen Gesellschaft (Barth) oder der Entwicklung der Menschen in ihrer Bethätigung als sociale Wesen (Bernheim); aber um den Rhythmus gewisser socialer Functionen, um die Stabilität oder das parallele Auftauchen gewisser socialer Institutionen bei verschiedenen Völkern von annähernd gleicher Kulturstufe, um die Collectivprocesse mit ihren beharrenden oder wechselnden Eigenschaften, mit einem Worte, um die Statik des socialen Geschehens kümmert sie sich nicht.

Die Naturwissenschaft unterschätzt wieder ihrerseits das dynamische Element des socialen Geschehens. Sie sucht nach verharrendem Thun, nach Constanz und Coexistenz, und verführt uns nur allzu leicht dazu, aus einer Analogie auf Identität zu schliessen, aus der comparativen Allgemeinheit des Rhythmus ein allgemeingültiges Gesetz zu formen und solchergestalt eine *vérité de fait* vorzeitig in eine *vérité éternelle*, ein empirisches Gesetz in ein Naturgesetz zu verwandeln. Und gegen diesen voreiligen, logisch unzulässigen Schluss, gegen diese vorzeitige Hypostasierung der Sociologie als einer Wissenschaft von den socialen Rhythmen zu einer naturwissenschaftlichen Doctrin, d. h. also einer reinen Gesetzeswissenschaft, muss eine mündig werdende Sociologie bei Zeiten lebhafte Verwahrung einlegen, will sie anders eine empirische Wissenschaft sein und bleiben. Ihre Basis muss eben das Ereignis, die gesellschaftliche Handlung, das sociale Geschehen als beobachtete Einzelthatsache und die Zusammenordnung dieser Thatsachen in einen rhythmischen Zusammenhang sein und bleiben. Beansprucht sie aber heute schon, Gesetzeswissenschaft zu sein, so wird sie unfehlbar in das gleiche Grab gebettet, in welchem man der Geschichtsphilosophie bereits ein ehrenvolles Denkmal neben der Metaphysik errichtet hat.[1])

Ist aber die Sociologie solchergestalt, wie die Geschichte selbst, zunächst und zuoberst Ereigniswissenschaft, also durch und durch empirisch, dann muss auch ihr methodisches Verfahren ein empirisch-inductives, vor allem ein vergleichend geschichtliches

1) Diese Auseinandersetzungen hatte ich dem Pariser Sociologen-Congress vor dem Erscheinen von Paul Barths „Die Philosophie der Geschichte als Sociologie" vorgelegt. So lebhaft mich nun auch einzelne Abschnitte dieses Werkes angesprochen haben, so wenig vermag ich die mehr durch den Titel markierte, als durch den Inhalt gerechtfertigte Hauptposition des Buches — die völlige Gleichsetzung von Sociologie und Geschichtsphilosophie § 3, S. 10 ff. — als gültig anzuerkennen. Auf die Trennungslinien beider Disciplinen habe ich in meiner „Socialphilosophie" S. 24 f. mit den Worten hingewiesen: Die Geschichtsphilosophie verfuhr von Vico an bis auf Hegel deductiv construirend, während die Sociologie eine empirische Wissenschaft sein und bleiben will. Sie bescheidet sich bei einem descriptiven Verfahren; sie sammelt, sondert und classificiert die vergleichsweise dauernden Zustände von socialen Gruppen, Gesellschaftsformen, Rechtsinstitutionen und Staatseinrichtungen, um solchergestalt zunächst die sociale Thatsächlichkeit zu ermitteln, und von dieser empirischen Basis aus behutsam und allmählich zur Erkenntnis von socialen Zusammenhängen, von Rhythmen des gesellschaftlichen Geschehens inductiv aufzusteigen. Geht die Philosophie der Geschichte in ihren berufensten Vertretern meist von a priori geforderten Formeln aus, so strebt die Sociologie — unter grundsätzlicher Ablehnung alles Apriori — danach, von der Erkenntnis der socialen Thatsächlichkeit sich auf inductivem Wege zur Erforschung der socialen Ursächlichkeit zu erheben. Wir benutzen dabei die von Comte eingeführte, nach Giddings zutreffender Kritik wenig glückliche Unterscheidung von socialer Statik und Dynamik, aber nur als Metaphern. Danach stellt die Sociologie gleichsam die Statik, die Philosophie der Geschichte die Dynamik des Gesellschaftslebens in sich dar; jene sucht, um mit Wundt (Logik II², 438 ff. u. 498) zu sprechen, die Zustände des gesellschaftlichen Zusammenlebens und Zusammenwirkens festzustellen, diese die letzten Ursachen zu ermitteln, welche diese Zustände herbeigeführt haben; jene eine *vérité de fait*, diese eine *vérité éternelle*. Eben damit aber kettet die Philosophie der Geschichte ihr Schicksal an das der Metaphysik als der Wissenschaft von den letzten Ursachen. Was aber Bernheim und Barth als Philosophie der Geschichte definieren, das ist weit eher Sociologie im Sinne Comtes', denn Philosophie der Geschichte im herkömmlichen Sinne (Bodin, Vico, Montesquieu, Rousseau, Herder).

sein.[1]) Gegen diese empirische Basis aller Sociologie versündigt sich nun die organische Methode; sie sucht nach Naturgesetzen, statt sich bei empirischen Gesetzen, bei der Constatierung von socialen Rhythmen zu bescheiden; sie erklärt das historische Leben nach dem Schema des biologischen Geschehens, ohne sich des Unterschiedes von Gesetzeswissenschaft und Ereigniswissenschaft bewusst zu werden; sie verfährt endlich deductiv statt inductiv. Der Spencer der *First Principles* (1860) ist zwar voll von Allüren der Induction; der Spencer des letzten Bandes der Sociologie hingegen (1896) beschränkt sich fast nur noch auf Deduction. Sein auch auf die Sociologie übertragenes Gesetz „von der progressiven Integration von Materie und gleichzeitiger Dissipation von Bewegung" oder „des Überganges von einer unzusammenhängenden Gleichartigkeit zu einer zusammenhängenden Verschiedenartigkeit" ist keine empirische Generalisation mehr, sondern eine metaphysische Supposition. Auf einzelne sociale Phaenomene lässt sich ja dieses „Gesetz" ungezwungen anwenden, was nur beweist, wie vortrefflich sich diese Spencersche Formel als heuristisches Princip bewährt, aber durchaus nicht auf alles sociale Geschehen. Und wenn Spencer nach dem Vorbild von Huxley einen biologischen triadischen Rhythmus von Ektoderm, Entoderm und Mesoderm construiert und mit gezwungener Interpretationskunst in das sociale Leben hineindeutet, so sehe ich nicht ab, worin er sich vom triadischen Rhythmus Hegels — These, Antithese und Synthese —, rein methodologisch genommen, unterscheidet. Ektoderm ist, biologisch gesprochen, Thesis, Entoderm Antithesis, Mesoderm Synthesis.

Chalybäus verspottete einmal die dialektische Methode Hegels, welche ihren triadischen Rhythmus häufig nur unter grossem Zwang,

1) Diesen „historischen Modus" hat Comte bereits neben der von der Biologie übernommenen vergleichenden Methode gefordert (Cours de philos. posit. VI, 562, 600, 671 u. ö.). Nur legt Comte in naivem Vertrauen auf eine sociale Dynamik seinem „historischen Modus" die causale Erklärung des Nacheinander socialer Erscheinungen auf, während wir, aller socialen Dynamik bei dem primitiven Stand der heutigen Sociologie skeptisch gegenüberstehend, der von uns geforderten vergleichend-geschichtlichen Methode nur die Aufgabe zuweisen, das gesellschaftliche Nebeneinander zu ermitteln und in seinen Rhythmen zu fixiren, nicht aber jetzt schon in seinem causalen Nacheinander zu erklären. Über die vergleichend-geschichtliche Methode s. Wundt, Logik II, 283.

den Hegel den Thatsachen anthat, durchsetzen konnte, als die „Gliederkrankheit" des Hegelschen Systems. Nun denn, auch die organische Methode leidet, selbst in ihrer milderen Spencerschen Auffassung, an einer solchen „Gliederkrankheit". Auf der einen Seite hat Spencer eines der wichtigsten socialen Probleme, die Entwicklung der Sprache, aber ebenso die der Technik, Kunst und Wissenschaft nicht ausreichend beachtet, wenigstens nicht evolutiv begriffen. Seine Formel ist also an diesen wichtigsten socialen Gebilden noch gar nicht erprobt.[1]) Spencer bemerkt freilich diesen empfindlichen Mangel und sucht das Fehlen dieser Glieder der socialen Evolution im grandiosen Aufbau seiner synthesischen Philosophie im letzten Bande seiner Sociologie durch zunehmende Kränklichkeit und Alter zu entschuldigen. Der consequente Evolutionist Spencer wird aber im Schlussbande seiner Sociologie recht inconsequent. Das ruhelose Thun des Weltprocesses schlägt in seiner Sociologie letzten Endes in ruhendes Sein um. Der dritte Typus Mensch, den Spencer im Schlussbande seiner Sociologie prophetisch kündet, hat den „Kampf ums Dasein" völlig überwunden. An die Stelle der socialen Evolution ist jetzt Stabilität, der sociale Gottesfrieden getreten (Principles of Sociology, III p. 600). Es schleicht sich hier auf dem Umwege der Sociologie das früher von Spencer preisgegebene Denkmittel der Constanz wieder ein. Nicht mehr Veränderung, Evolution, sondern Ruhe, Gleichmässigkeit, Constanz ist ihm das letzte Wort der Menschheitsentwicklung. Und so lässt er denn in seiner Sociologie das Denkmittel der Variabilität, das er so virtuos gehandhabt, vor dem der Constanz kapitulieren. In jener stationären, kampflosen Glückseligkeit, welche der Evolutionist Spencer der Menschheit kündet, mündet er ebenso in ein sociales Nirwana aus, wie Hegels absoluter Geist in der Philosophie seinen stationären Schlusspunkt findet.[2])

1) Im letzten Teil der Sociologie (Vol. III, 1896) kommt Spencer zwar (Part VII, Professional Institutions, S. 179—309) auf die Entwicklung von Wissenschaft, Technik und Kunst zu sprechen; aber seine Stärke liegt offenbar in der Ethnographie, nicht in der Geschichte. Hier ist ihm Buckle auch als Sociologe unendlich überlegen. Was wir vergleichend-geschichtliche Psychologie nennen, vermissen wir in diesen Kapiteln Spencers ganz und gar.

2) Am schärfsten ist der französische Denker Durkheim gegen das sociologische Vaticinium Spencers aufgetreten (De la division du travail social, étude sur l'organisation des sociétés supérieures, 1893, p. 240 ff.). Er ver-

Endlich hat der Evolutionist Spencer nicht bedacht, dass auch die menschlichen Gefühle, insbesondere die in den Associationsbahnen niedergelegten Dispositionen, eine regelrechte Entwicklung nach oben, d. h. eine teleologische Anpassung an die äussern Existenzbedingungen durchmachen. Er suchte eben, verleitet durch seine Grundformel, die er mit aller Beharrlichkeit und dialektischen Gewalt auf die gesellschaftlichen Phaenomene anwandte, das sociale Geschehen aus seinem Gesetze abzuleiten, statt umgekehrt aus dem socialen Geschehen erst empirische Verallgemeinerungen zu folgern, um dann behutsam von der comparativen zur absoluten Allgemeinheit aufzusteigen. Es wiederholt sich hier nur, was in der Geschichte der Philosophie unzählige Male wiederkehrt, dass man nämlich mit einem Losschlagen auf alle Metaphysik beginnt, um am letzten Ende doch dem von Kant so glücklich gekennzeichneten „metaphysischen Bedürfnis" seinen Tribut zu zahlen.[1])

Im Gegensatz zu Spencer und seiner Richtung habe ich in meiner jüngst erschienenen Socialphilosophie (Die sociale Frage im Lichte der Philosophie. Stuttgart, Enke, 1897) die empirisch-inductive bezw. vergleichend-geschichtliche Methode durchweg anzuwenden versucht. Die biologischen Analogien, denen sich heute kein Forscher ganz zu entziehen vermag, habe ich nur als Analogien, allenfalls als heuristische Notbehelfe, zuweilen sogar ausdrücklich nur als Metaphern herangezogen. Für den Ursprung aller socialen Phaenomene (Ehe, Eigentum, Gesellschaft, Sprache, Recht, Religion u. s. w.) habe ich mich der von mir so genannten psychogenetischen, für die Entwicklung des gesellschaftlichen Geschehens hingegen vorzugsweise der vergleichend-geschichtlichen Methode bedient. Ich bin in der beschreibenden Fixierung socialer Phaenomene wohl zu Rhythmen, aber nicht zu Gesetzen gelangt. Auch mir ergab sich eine sociale Causalität. Aber die von mir aus den Thatsachen *a posteriori* abgelesene Causalität im socialen Geschehen, welche ich dem Spencerschen *a priori* entgegensetze, hat ebenso wenig mit Endursachen etwas zu thun, wie die

---

misst in diesem Spencer'schen Glückseligkeitsideal mit vollem Recht den Evolutionisten. Die hier angedeutete Gedankenparallele des „Evolutionisten" Hegel soll nur einen Stützpunkt meiner Argumentation bilden.

1) Spencer erging es darin nicht besser, als Comte vor ihm, und Wundt nach ihm.

in meiner „Socialphilosophie“ vertretene immanente Teleologie des socialen Geschehens etwas von Finalität, von Endzwecken wissen will.[1]) Unter socialen Gesetzen verstehe ich überall dort, wo diese Wendung in meiner „Socialphilosophie“ hervortritt, nur empirische Gesetze von comparativer Allgemeinheit (*causae proximae et adjuvantes* bei den Stoikern und Occasionalisten), nicht aber Naturgesetze oder *vérités éternelles* im leibnizischen Sinne. Solche Erfahrungsgesetze können wir historisch durch Vergleichung der wirksam gewesenen Institutionen[2]), durch Nebeneinanderstellung zahlreicher socialer Rhythmen auf inductivem Wege gewinnen. Die Fixierung strenger socialer Gesetze, d. h. eine sociale Dynamik, wie sie die organische Methode heute schon inauguriert, lehne ich durchweg ab, nicht weil ich sie überhaupt, wohl aber zur Zeit für unmöglich halte. Wir müssen darauf bestehen, dass unsere Experimentiermethoden — Statistik und Wahrscheinlichkeitsrechnung — uns zur Formulierung socialer Gesetze im Sinne von Naturgesetzen augenblicklich noch nicht berechtigen. Beide Hülfsdisciplinen zeigen uns vorerst nur zahllose sociale Rhythmen. Den Schritt vom Rhythmus zum Gesetz können wir heute noch nicht wagen, wenn wir gleich der Überzeugung sind, dass Rhythmen letzten Endes auf (uns noch verborgene) sociale Gesetze zurückdeuten.

Das Studium der socialen Erscheinungen wird voraussichtlich den gleichen methodischen Weg einschlagen, den die Sprachwissenschaften mit so ausgezeichnetem Erfolg zurückgelegt haben. Die Sprache war zuerst als sociales Factum vorhanden; die Praxis ging wie immer der Theorie zeitlich voran. Es fanden sich allmählich die Grammatiker ein, welche den inneren Bau und die syntaktischen Regeln der Sprache begriffen, nachempfanden, nachconstruierten. Und so ist denn die aus dem instinctiv sprachbildenden Volksgeist heraus geborene Sprache erst allmählich in ihrer Structur begriffen, in ihrem grammatischen Bau ermittelt und wissenschaftlich fixiert worden. Aus dem Rhythmus des Sprechens, aus der Erfahrung, wie bisher gesprochen worden ist, deducierten sie die Regel, wie gesprochen werden soll.[3]) Was die Regel für die Grammatiker,

1) Die sociale Frage im Lichte der Philosophie S. 49 ff.

2) Vgl. z. B. die 38. Vorlesung „Die Socialisirung des Rechts“ S. 598 ff. meiner „Socialphilosophie“, wo aus zahlreichen socialen Rhythmen der Gegenwart auf die Tendenzen unseres Zeitalters geschlossen wird.

3) Inwieweit dieser Sprach-Rhythmus mit dem Arbeits-Rhythmus, noch

das ist die Fixierung einer socialen Regel aus dem Rhythmus des gesellschaftlichen Geschehens für den Sociologen. Jeder Sociologe, der aus der Kenntnis der Vergangenheit sich zu bescheiden gelernt hat, wird sich vorerst mit der ihm von uns zugeteilten Rolle eines socialen Grammatikers zufrieden geben müssen. Die sociale Statik, wie wir sie verstehen, ist eben nichts anderes, als — figürlich gesprochen — eine Grammatik des socialen Lebens, eine Beschreibung der Zustände gesellschaftlichen Zusammenlebens und Zusammenwirkens in erster, sowie eine daraus gewonnene Feststellung von Rhythmen menschlichen Handelns, d. h. also von socialen Regeln in zweiter Linie. Wie der Grammatiker aus der Vergangenheit einer Sprache die Regel ableitet, wie gesprochen werden soll, so hat der Sociologe aus der socialen Vergangenheit die teleologisch motivierte Regel aufzustellen, nach welcher gehandelt werden soll.

Ist erst diese gewaltige Aufgabe wissenschaftlich gelöst, dann dürfte es an der Zeit sein, in behutsamen Anläufen zu einer socialen Dynamik überzugehen. Wie die Sprachforschung durch Einführung der vergleichenden Methode in die Sprachwissenschaft von den Rhythmen innerhalb der verschiedenen Sprachgruppen allmählich zu den Regeln des Lautwandels, ja zu phonetischen Grundgesetzen gelangt ist [1], so könnten wir dermaleinst zur Erkenntnis der tieferen Ursachen der von der Statik beobachteten und zu Regeln verdichteten socialen Rhythmen gelangen, wenn es uns auch versagt bleiben sollte, ihre künftigen Wirkungen mit mathemati-

---

weiter mit dem Rhythmus der Lungen- und Herzthätigkeit, den Bewegungen der Beine und Arme beim Gehen u. s. w. ursächlich zusammenhängen mag, erfordert eine eigene Untersuchung, zu welcher die höchst gedankenreiche und eigenartige Schrift von Karl Bücher, Arbeit und Rhythmus, Leipzig 1896 (vgl. bes. S. 25 f., 77, 80, 97, 101) angeregt hat; vgl. auch E. Meumann, Untersuchungen zur Psychologie und Ästhetik des Rhythmus, Wundts philosoph. Studien X (1894), S. 249 ff.; Ernst Grosse, Die Anfänge der Kunst, S. 212, und weiter S. 36 Anm. 1.

1) Vgl. Delbrück, Einleitung in das Sprachstudium. Osthoff und Brugmann, Morphologische Untersuchungen auf dem Gebiete der indogermanischen Sprachen. Paul, Principien der Sprachgeschichte. Neuerdings (1897) hat Michel Bréal den umfassenden Versuch gemacht, auch den Gesetzen des Bedeutungswandels der Worte auf die Spur zu kommen, Essai de Sémantique, Paris, Hachette; doch spricht auch er nur sehr behutsam von phonetischen „Gesetzen", s. oben S. 12, Anm. 3.

scher Präcision vorauszuberechnen.[1]) Es schieben sich zu viele Imponderabilien ein, als dass einer socialen Dynamik, in ihrem jetzigen embryonalen Zustande zumal, feste Prognosen zuständen.

Wie wir indess Psychologie treiben, obgleich wir uns bewusst sind, dass wir bei der Compliciertheit des psychischen Geschehens die künftige Zusammensetzung eines menschlichen Bewusstseins niemals mit mathematischer Präcision würden fixieren können, so treiben wir Sociologie, als beschreibende Psychologie der Gesellschaft, obgleich wir uns darüber klar sind, dass sie zum Range einer exacten Wissenschaft im Sinne der Astronomie sich niemals werde erheben können, weil sie bei der unendlichen Compliciertheit ihres Objectes darauf verzichten muss, strenge Gesetzeswissenschaft zu werden. So gut jedoch die Sprachwissenschaft zu phonetischen Grundgesetzen gelangen konnte, so sehr wird auch eine künftige sociale Dynamik, falls sie sich der vergleichend-geschichtlichen Methode ausgiebig bedient, zu socialen Grundgesetzen aufsteigen können. Nur werden sociale Gesetze (wenn man sie überhaupt so nennen will) gleich den Gesetzen des Lautwandels auf absolute Nothwendigkeit und strenge Allgemeingiltigkeit niemals Anspruch erheben dürfen. Naturgesetze kennen eben keine Ausnahmen; sie schliessen also ein zwingendes, mechanisches Muss in sich ein; sociale Gesetze hingegen, denen, weil aus blosser Erfahrung abgeleitet, nur eine comparative Allgemeinheit und eine teleologische Notwendigkeit einwohnen, kennen kein Müssen, sondern nur ein Sollen. Die teleologische Notwendigkeit schreibt dem Individuum nur vor, wie es in seinem eigenen, richtig verstandenen Interesse handeln soll, wenn es seine Handlungen mit den Geboten der socialen Vernunft in Einklang zu setzen gewillt ist. Will aber das Individuum unvernünftig, unzweckmässig handeln, so vermag die teleologische Notwendigkeit es nicht daran zu hindern. Anders die Naturgesetze. Diese zwingen das Individuum, ohne seinem Wollen irgend welchen Spielraum zu gewähren. Das Naturgesetz ist für den Menschen, wofern es seinen Mechanismus und Chemismus angeht, ein blinder, mechanischer Zwang, eine coacta necessitas im Sinne Spinozas; das sociale Gesetz hingegen ist ein vernünftiges Gebot, das nur in

1) Dazu Sigwart, Logik II, § 101, 9 u. 19.

der Voraussetzung des individuellen Vernünftigseinwollens gilt. Dort handelt es sich um das Verhältnis von Ursache und Wirkung, hier um das von Zweck und Mittel.[1]) Wie uns die Syntax Vorschriften des correcten Sprechens bietet, welche nur ihren Sinn behalten, wenn wir nicht mit Absicht ungrammatikalisch sprechen wollen, so enthalten die socialen Gebote nur Regeln für unser vernünftiges Verhalten gegen unsere Mitmenschen, gegen Gesellschaft und Staat, deren Gültigkeit an die Voraussetzung unseres socialen Richtighandelnwollens geknüpft ist. Nicht an Ursachen, sondern an Zwecke sind wir gekettet. Und so wäre es denn sehr wohl denkbar, dass wir aus dem erkannten, weil ausreichend beschriebenen Zustand des socialen Geschehens dermaleinst ein doppeltes zu ermitteln vermöchten: in Bezug auf die Vergangenheit die tiefere Ursächlichkeit aller socialen Rhythmen (die eine Seite der socialen Dynamik); in Bezug auf unsere Zukunft die teleologische Notwendigkeit unseres künftigen socialen Verhaltens (das Sollen, die sociale Deontologie).

Unsere Hilfsmittel gestatten uns indess heute noch nicht, den entscheidenden Schritt vom Rhythmus zum Gesetz zu wagen. Es ergeht uns heute in der Sociologie nicht viel besser als der Meteorologie etwa. Auch hier werden zuvörderst ganze Zahlenschichten von Thatsachen gesammelt. Auf Grund des reich aufgestapeltem empirischen Materials hat man früher auch hier geglaubt, zu meteorologischen Gesetzen vorschreiten zu können. So hat Dove z. B. auf Grund zahlreicher Erfahrungsthatsachen das sogenannte Winddrehungsgesetz formuliert. Da dieses angebliche Gesetz aber nicht auf alle Fälle ausnahmslos passt, ist es kein Gesetz im strengen Sinne, sondern bloss empirische Generalisation. Das hindert indess die Meteorologen nicht, auf Grund ihrer Erfahrungsgesetze Wetterprognosen aufzustellen, die eine Durchschnittsrichtigkeit von 80—82% aufweisen. Sie gelangt also schon auf dem bescheidenen Wege der empirischen Generalisation, ohne den fragwürdigen Anspruch auf strenge Gesetzmässigkeit zu erheben, in der Sicherheit ihrer Voraussagen zu einer vergleichsweise hohen Ziffer. Alle Fälle könnte sie nur dann mit unfehlbarer Sicherheit vorausberechnen, wenn sie auf erkannten Gesetzen beruhen

1) Über diesen Unterschied s. Stahl, Philosophie des Rechts, I, 222 ff.

würde. Da aber die Meteorologie ähnlich wie die Sociologie nur mit Rhythmen und Regeln, mit Erfahrungsthatsachen von comparativer Allgemeinheit operiert, erreicht die Sicherheit ihrer Voraussagen trotz der Complexität der sie constituierenden Factoren immerhin heute schon die respectable Höhe von 80—82%. Das gleiche Procedere wird die Sociologie einzuschlagen haben. Diese Lebensarbeit aber, an welcher künftige Generationen mit vervollkommneten sociologischen Methoden in emsigem Zusammenwirken zu schaffen haben werden, ist für den heutigen Stand der Sociologie noch keine Lösung, sondern blosses Problem — ein anzustrebendes Ideal.

Um uns diesem Ideal stufenweise mit Erfolg anzunähern, muss neben die organische Methode, welche ja heuristisch grosse Erfolge zu verzeichnen hat, die vergleichend-geschichtliche ergänzend hinzutreten. Deduction und Induction können einander sehr wohl ergänzen, berichtigen, controllieren, und man braucht gar nicht so weit zu gehen wie Mill, der in jeder Deduction nur eine versteckte Induction sah. Mögen die „Organiker" immerhin weiter deductiv verfahren, von allgemeinen Gesetzen wie Integration des Stoffes und Dissipation der Bewegung ausgehen; wir wollen den umgekehrten Weg einschlagen. Und sollte es uns gelingen, einer durchgängigen socialen Regelmässigkeit auf die Spur zu kommen, so werden wir uns stets bewusst bleiben, dass die in dieser empirisch gewonnenen, relativen Gesetzmässigkeit liegende Allgemeinheit keine strenge, vielmehr nur eine comparative ist, ebenso wie die mit dieser Gesetzmässigkeit gegebene Notwendigkeit keine mechanische, sondern nur eine teleologische Notwendigkeit in sich schliesst.

Innerhalb der Ereignisse alles socialen Geschehens wenden wir eben durchweg jene comparative Methode an, die sich auch in der Anatomie so glänzend bewährt hat. Wie der Anatom seine vergleichenden Querschnitte an Knochen, Muskeln und Bindegeweben vollzieht, um deren Structur zu erkennen, so machen wir Querschnitte durch Institutionen (Rechtssatzungen, sociale Gliederungen, Staatseinrichtungen). Wir treiben mit einem Worte vergleichende Entwicklungsgeschichte der Gesellschaft. Zu diesem Behufe holen wir unsere Materialien aus der vergleichenden Sprach-, Sagen-, Rechts-, Religions-, Kunst- und Wissenschaftsgeschichte. Seit dem Auftreten von Nitzsch, Marx,

Lamprecht und Rogers legen wir sogar den Hauptaccent auf die Wirtschaftsgeschichte. Ja, wir gehen noch einen Schritt weiter. Neben der Geschichte der gesellschaftlichen, kirchlichen, rechtlichen und staatlichen Institutionen pflegen wir als wichtigste Aufgabe der vergleichend-geschichtlichen Methode in der Sociologie die Entwicklungsgeschichte der menschlichen Gefühle (historische Psychologie).

Und diese Aufgabe ist lösbar. Alfred Biese hat einen glücklichen Anfang mit der Entwicklungsgeschichte des Naturgefühls gemacht. Ähnliche Arbeiten über die Entwicklungsgeschichte der Liebe, Freundschaft, des Mitleids, kurzum aller, insbesondere aber der socialen Gefühle, müssen folgen. Die Weltlitteratur bietet uns hierzu den dankbarsten vergleichenden Stoff, der seiner socialgeschichtlichen Bezwinger harrt. Hier sind noch wahre wissenschaftliche Schätze zu heben. Schmoller, Knapp und Meitzen haben uns auf dem Felde der Wirtschaftsgeschichte die Wege geebnet. Hier hat die Sociologie mit aller Kraft und Macht einzusetzen. Aus Homer und der Bibel, aus den Veden und Upanishaden, aus der Weltlitteratur in allen ihren Auszweigungen, aus der Staaten- und Wirtschaftsgeschichte können wir für den socialen Rhythmus des Menschengeschlechts mehr und unvergleichlich Wertvolleres abnehmen, als aus Protoplasma und Zellkern, als aus Knochen und Bindegeweben. Und vor allen Dingen Eines: wir können für unser Verhalten, für die Formung wissenschaftlicher Imperative des künftigen socialen Geschehens aus der vergleichend-geschichtlichen Methode unverhältnismässig mehr lernen als aus der organischen.

Die Sociologie will sich eben nicht beschränken auf die blosse Feststellung der tieferen socialen Ursachen alles Seins (Coexistenz), und auf die Ermittelung des socialen Geschehens (Succession), sondern sie muss zuoberst dahin tendieren, das sociale Sollen zu normieren, Imperative des menschlichen Handels zu formen, wie Durkheim richtig gesehen hat. Sie darf sich nicht in beschaulicher Genügsamkeit auf blosses Theoretisieren zurückziehen; sie muss vielmehr in die lebensvolle Wirklichkeit energisch einzugreifen suchen (Politik und sociale Ethik). Da die kirchlichen Imperative immer mehr zu verblassen die Tendenz zeigen, und auch die staatlichen ihre frühere Consistenz bedenklich eingebüsst haben, so muss die Sociologie ihr Absehen darauf richten, eine Normwissenschaft zu werden, d. h. teleologisch motivierte Imperative zu formen.[1]) Bei dieser Aufgabe der Sociologie als Normwissenschaft aber vermag die organische Methode vergleichsweise wenig, die vergleichend-geschichtliche hingegen Alles zu leisten. Denn alle Ethik mündet zuletzt in ein Sollen aus. Die Schaffung, d. h. die logische Begründung von Imperativen zur Regelung unseres socialen Verhaltens ist insbesondere die Aufgabe einer socialen Ethik. Es verschlägt hierbei wenig, ob dieses Sollen mit Kant als ein abstract formales Princip[2]), oder als grammatische bezw. logische Kategorie begriffen wird. Danach hätte freilich nur das Sein volle Realität, während das Sollen als ein blosses Denkmittel, als ein Sein im Futurum aufgefasst werden müsste. Wie es sich aber auch mit der logischen Basis aller Ethik verhalten mag[3]), so besteht doch darüber keine Meinungsverschiedenheit, dass alle Ethik ihrem Grundwesen nach Normwissenschaft ist und bleibt. Geht doch Wundt gar so weit, im Sittlichen die letzte Quelle des Normbegriffs zu erblicken und die Ethik somit als die ursprüngliche Normwissenschaft zu bezeichnen.[4])

Aus der Biologie lässt sich nun aber nie und nimmermehr ein Sollen ableiten, oder auch nur logisch stützen. Ist das sociale Leben nicht blosse Parallelerscheinung aller übrigen biologischen Phaenomene, sondern mit diesen identisch, wie die Anhänger der organischen Methode wollen, dann giebt es in der Sociologie kein Sollen, sondern nur noch ein Müssen. Wären sociale Gesetze gleich den biologischen einfache Naturgesetze, und nicht etwa, wie wir behaupten, blosse Rhythmen menschlichen Handelns, im günstigsten Falle empirische Gesetze im Sinne Wundts, dann könnte die Sociologie niemals ins wirkliche Leben, in die Formen der Gesellschaftszusammensetzung dirigierend eingreifen. Wären näm-

1) Kant unterscheidet, Einleitung in die Metaphysik der Sitten IV, den Imperativ als praktische Regel, welcher aus Rücksicht auf menschliche Zwecke erwachsen ist, vom kategorischen Imperativ, welcher ohne jede Rüchsicht auf menschliche Zwecke, objectiv-notwendig gilt. Wir haben immer nur die erste Form des Imperativs, den subjeetiv-notwendigen, im Sinne, da wir immer und überall auf das teteologische Moment des socialen Geschehens den Nachdruck legen, also gerade die menschlichen Zwecke vor Augen haben.

2) Vgl. zu dieser Frage Sigwart, Vorfragen der Ethik, 1886, S. 11.

3) Darüber Sigwart, Logik II, § 104, 19; Wundt, Ethik, 2. Aufl., S. 4 ff.

4) A. a. O. S. 8.

lich sociale Gesetze strenge Naturgesetze, dann vollzögen sich ja unsere Handlungen mit mechanischer Notwendigkeit (fatalistischer socialer Determinismus), und die Sociologie könnte uns unmöglich vorschreiben, wie wir handeln sollen, zumal die Natur uns alsdann ohnehin schon dictiert hätte, wie wir handeln müssen. Naturgesetze verlaufen eben, wie Spinoza für immer gezeigt hat, mit mechanischer Notwendigkeit, und nur psychologische Gesetze, die auf dem Untergrunde des Gefühls bezw. Intellects ruhen, vollziehen sich mit teleologischer Notwendigkeit. Die leblose Natur kennt keine Zwecke; nur Wesen, die Bewusstseinsäusserungen — wenn auch noch so rudimentärer Art — offenbaren, passen ihre Handlungen Zwecken an, und diese Anpassung ist eine um so vollkommnere, je höher der Bewusstseinsgrad zum Vorschein kommt. Erst die nach Vernunftzwecken organisierte menschliche Gesellschaft ist einem durchsichtigen System von Zwecken unterworfen. Die anorganische Natur ist das Reich der Gesetze, die lebendig organische das der Zwecke; dort herrschen die Gesetze ausschliesslich, hier neben diesen noch die vom Bewusstsein gesetzten Zwecke. In seinem Chemismus und Mechanismus gehört der Mensch dem Reich der Gesetze an, in seiner gesellschaftlichen Organisation aber dem der Zwecke. Die organische Methode würde daher, consequent durchgeführt, eine sociale Ethik unmöglich machen; sie verfällt unausweichlich einem fatalistischen Determinismus, einer rein naturalistischen Deutung alles socialen Geschehens. Dieselben Gründe aber, welche gegen einen psychologischen Materialismus sprechen, treffen auch seinen Zwillingsbruder, den sociologischen Naturalismus. Verwandelt man den von uns behaupteten Parallelismus des socialen und biologischen Geschehens in eine förmliche Identität, wie die strengen „Organiker“ wollen, dann giebt es auch im socialen Leben so wenig wie im Naturgeschehen überhaupt ein Wollen, also auch kein Sollen. Normwissenschaften wären alsdann logisch unzulässig, folglich könnte auch die Sociologie sich niemals zum Range einer solchen erheben.

Haben hingegen wir richtig gesehn, dass nämlich die sociale Notwendigkeit keine mechanische, sondern eine teleologische ist; dass unsere Handlungen keinem mechanischen Druck von aussen, sondern einer Motivation von innen, also einem System von Zwecken unterstellt sind, dann gilt die Notwendigkeit der socialen

Handlungen nur in Rücksicht auf die Naturgesetzlichkeit schlechthin, d. h. auf unseren Mechanismus und Chemismus. Alsdann aber stellte sich die Gesellschaft nicht, wie die „Organiker" wollen, als ein „Organismus" dar, sondern als eine Organisation. Der Organismus ist das unbewusste, die Organisation das bewusste Zusammenwirken der einzelnen Teile eines angenommenen Ganzen zu einem gemeinsamen Zweck. Im menschlichen Organismus (Lungen- und Herzthätigkeit z. B.) sind Instinctsrhythmen, in der socialen Organisation hingegen Vernunft-Rhythmen, d. h. bewusste Regelungen wirksam.[1])

Die sociale Notwendigkeit ist nach alledem nur aus der Bewusstheit der gemeinsamen Zwecke abzuleiten; sie ist eine Zwecknotwendigkeit, keine Naturnotwendigkeit. Sie folgt aus dem Causalverhältnis von Zweck und Mittel, nicht aber aus dem von Ursache und Wirkung. Treffend bemerkt neuerdings Otto Stock[2]), an einen Gedanken Spinoza's anklingend: „Die Sittlichkeit wächst in demselben Masse, wie die Erkenntnis vom Sinn und Zweck des Lebens".

Diese Erkenntnis vom Sinn und Zweck des Lebens aber kann uns die organische Methode nicht nur nicht verschaffen, sondern im Gegenteil die bereits gewonnene nur trüben und stören. Protoplasma und Zelle, Knochen und Bindegewebe können uns nichts verraten vom Sinn und Zweck menschlichen Zusammenlebens und Zusammenwirkens, wohl aber vermag diese Confundierung von Natur- und Geisteswissenschaft heillose Wirrnis zu stiften. Die vergleichend-geschichtliche Methode in der Sociologie kann hingegen eine Socialethik sehr wohl wissenschaftlich fundamentieren,

---

1) Das schliesst natürlich nicht aus, dass die socialen Vernunft-Rhythmen eine Nachbildung des natürlichen Rhythmus im Organismus darstellen. Spencer und Tyndall nehmen an, dass alle Bewegung rhythmisch ist, vgl. Spencer, Grundlagen der Philos., deutsch von Vetter, S. 257. Spencer weist dies im einzelnen an den meteorologischen Rhythmen (S. 263), den geologischen (S. 264), am Rhythmus des Lebens (S. 267), des Bewusstseins und Geschmacks (S. 270). Selbst im Handelsverkehr, in religiösen, politischen und ökonomischen Bewegungen sieht er Rhythmus, S. 275: Der Rhythmus ist eine unvermeidliche Folgerung aus dem Fortbestehen der Kraft; ähnlich E. Dühring, Der Wert des Lebens, 2. Aufl., S. 80 ff.

2) Lebenszweck und Lebensauffassung, 1897, S. 140.

indem sie unser gesellschaftliches Sollen teleologisch motiviert.[1]) Aus den Querschnitten seiner Institutionen können wir die socialen Tendenzen eines Zeitalters erschliessen und aus socialen Erfahrungsthatsachen abgeleitete Imperative unseres Verhaltens formen. Die auf Grund der intimen Kenntnis der socialen Vergangenheit und der statistisch festgestellten socialen Zustände der Gegenwart gewonnenen Einsichten in die Structur der menschlichen Gesellschaft verdichten sich zu ebenso festen Regeln, wie sie die Sprache in der Syntax besitzt, und sie gestatten eben solche Prognosen für die Zukunft der gesellschaftlichen Entwicklung, wie sie die Meteorologie in ihrer auf dem Wege der Wahrscheinlichkeitsrechnung gewonnenen Treffsicherheit von 80—82% heute schon erreicht hat. Gelingt es der Sociologie, ihren Prognosen einen gleich hohen oder noch höheren Grad von Sicherheit zu verleihen, dann wird sie die Constellation der künftigen Gesellschaftszusammensetzung zwar nieemals mit astronomischer Unfehlbarkeit, aber doch mit einem unerreicht hohen Grade von Zuverlässigkeit (vielleicht mit 90--95% ihrer Aussagen) vorherbestimmen können. Während also die zahllosen socialen Propheten der Gegenwart, die nur mit rohem sociologischen Material operieren, für ihre Voraussagen keine höhere Glaubwürdigkeit beanspruchen dürfen, als der astrologisierende Kepler etwa, da er Wallenstein das Horoskop stellte, so dürfte eine vergleichend-geschichtlich verfahrende Sociologie den ihr heute noch vielfach anhaftenden Astrologismus endgültig überwinden, um sich der Sicherheit der Astronomie schrittweise zu nähern, wenn es ihr auch versagt bleiben wird, sie ganz zu erreichen. Vergleichen wir z. B. den socialen Rhythmus, wie er sich in den Kulturländern durchgängig offenbart (gradweise Aufhebung der Sklaverei, Abschaffung der Tortur, das Recht der körperlichen Züchtigung, wie es die Eltern ihren Kindern, der Gutsherr seinen Hörigen gegenüber noch vor wenigen Generationen besass, während heute auf allen Linien unseres Kulturkreises die körperliche Unverletzlichkeit des Individuums rechtlicher Gemeinplatz geworden ist), so können wir daraus nicht zwar Naturgesetze,

---

1) Durch diese Zweckbeziehung erhält das Sollen, ein reiner Denkmodus, gleichsam ein Sein im Futurum, seinen Inhalt, und „immer nur ein Inhalt des Sollens kann auf einen anderen zurückgeführt werden", Simmel, Einleitung in die Moralwissenschaft, I, 13; vgl. auch S. 9.

wohl aber Erfahrungsgesetze für unser sociales Zusammenwirken und Prognosen für die künftige Gestaltung der Dinge ableiten.[1]) Eine vergleichende Geschichte der menschlichen Gefühle und Institutionen wird uns lehren, wie wir zweckwidrige Handlungen in Zukunft zu vermeiden, zweckfördernde aber in bewusster Gemeinsamkeit energisch zu vollziehen haben. Die teleologische Notwendigkeit, das sociale Sollen, ergiebt sich eben als ein ungezwungenes Facit aus den constatierten Rhythmen des bisherigen socialen Geschehens. In der Aufdeckung dieser socialen Tendenzen der früheren, insbesondere aber auch in der Blosslegung der Tendenzen unseres eigenen Zeitalters erblicken wir das Wesen und die vornehmste Aufgabe einer ihrer Grenzen sich bewusst bleibenden Sociologie.

Und so sollte denn die Sociologie fürderhin beide Methoden mit gleichem Eifer pflegen: die organische als heuristisches Princip, und die vergleichend-historische als normbildenden Factor. Beide Richtungen, denen sich ja, wie wir oben gesehen, andere zugesellen, mögen in Zukunft zum Wohle unserer Wissenschaft, und weiterhin im Interesse der sittlichen Gesundung des menschlichen Geschlechts Hand in Hand gehen. Die Sociologie aller Schattierungen und Methoden kennt als Lehre von den Bedingungen und Formen menschlicher Wechselwirkungen nur einen gemeinsamen Gegner: die flache Sophistenweisheit des *ἐμοῦ θανόντος γαῖα μιχθήτω πυρὶ (après nous le deluge)*, die wildegoistische Doctrin des Stirnerschen Einzigen, des Nietzscheschen Übermenschen, kurzum den antisocialen individualistischen Anarchismus aller Schattirungen. Die Sociologie als Wissenschaft vertritt die gemeinsamen Zwecke der Societas, d. h. die ewigen Interessen der menschlichen Gattung. In unserem wissenschaftlichen Kampfe gegen jeden krassen Individualismus mögen wir immerhin getrennt marschieren, wenn wir nur vereint schlagen.

---

1) Treffend bemerkt Eucken, „dass wir oft in dem Masse kühner mit dem Gesetzesbegriff umgehen, als wir den Dingen ferner sind“, Grundbegriffe der Gegenwart, S. 131. Über Empeirem und Gesetz s. O. Liebmann, Zur Analysis der Wirklichkeit, S. 431. Dass Sittengesetze keine Naturgesetze sind, hat Natorp (Archiv II, 237. 243) gegen Staudinger gezeigt.

MIX
Papier | Fördert gute Waldnutzung
FSC® C083411

Kolibri 360 GmbH
Ferdinand-Jühlke-Straße 7
99095 Erfurt, Deutschland
produktsicherheit@kolibri360.de